¡Cuenta conmigo!

La feria de la escuela

TIME FOR KIDS

T0136614

Lisa Greathouse

Asesor

Timothy Rasinski, Ph.D.
Kent State University

Créditos

Dona Herweck Rice, *Gerente de redacción*
Robin Erickson, *Directora de diseño y producción*
Lee Aucoin, *Directora creativa*
Conni Medina, M.A.Ed., *Directora editorial*
Ericka Paz, *Editora asistente*
Stephanie Reid, *Editora de fotos*
Rachelle Cracchiolo, M.S.Ed., *Editora comercial*

Créditos de las imágenes

Cover Mike Kemp/Photolibrary; p.3 AnnaNizami/Shutterstock; p.4 philipdyer/iStockphoto; p.5 top: 3bugsmom/iStockphoto; p.5 bottom: Vera Suchak/iStockphoto; p.6 Darrin Henry/Shutterstock; p.7 top: sonya etchison/Shutterstock; p.7 bottom: Vince Clements/Shutterstock; p.8 top: crisserbug/iStockphoto; p.8 inset: Johann Helgason/Shutterstock; p.9 Christophe Testi/Shutterstock; p.10 Jim West/Alamy; p.11 left: Alex Staroseltsev/Shutterstock; p.11 inset: shutswis/Shutterstock; p.11 right: Studio Araminta/Shutterstock; p.12 adventtr/iStockphoto; p.13 happyjones/iStockphoto; p.14 tepic/Shutterstock; p.15 Lori Sparkia/Shutterstock; p.17 Eric Isselée/Shutterstock; p.18 Monkey Business Images/Shutterstock; p.18 inset: Olga Popova/Shutterstock; p.19 Vlue /Shutterstock; p.20 Monkey Business Images /Shutterstock; p.21. J. Helgason/Shutterstock; p.22 left: Suzanne Tucker/Shutterstock; p.22 right: BKingFoto/Shutterstock; p.23 top: jjshaw14/iStockphoto; p.23 inset: Christopher Elwell/Shutterstock; p.24 3445128471/Shutterstock; p.25 adventtr/iStockphoto; p.26 Glenda M. Powers/Shutterstock; p.27 top: Glenda M. Powers/Shutterstock; p.27 inset: vector-RGB/Shutterstock; back cover Johann Helgason/Shutterstock

Basado en los escritos de *TIME For Kids*.

TIME For Kids y el logotipo de *TIME For Kids* son marcas registradas de TIME Inc. Usado bajo licencia.

Teacher Created Materials

5301 Oceanus Drive
Huntington Beach, CA 92649-1030
http://www.tcmpub.com

ISBN 978-1-4333-4458-9

© 2012 Teacher Created Materials, Inc.

Tabla de contenido

¡Falta muy poco para la **feria** de la escuela!

Es el evento **anual** más importante de nuestra escuela. Tendremos atracciones, juegos, artesanías y hasta un zoológico de mascotas. Nuestra clase ayuda en la planificación de la feria. ¡Necesitamos proponer algunas ideas grandiosas para que sea la mejor de todas!

¡Un zoológico!

Nuestro zoológico interactivo tendrá tres cabras, dos pollos, dos conejos y un cerdo. Son ocho animales en total.

¿Hacemos un torneo de lanzamiento de bolsitas de frijoles? ¿Ofrecemos maquillaje de fantasía? ¿Qué clase de comida deberíamos vender? ¡Hay mucho por hacer!

Primero, necesitamos un **tema**. Hacemos una **lluvia de ideas** en clase.

—¿Qué les parece un tema de playa?— pregunta Antonio. —¡Podríamos dar pececillos de colores como premios!—

—¿Qué piensan del Silvestre Oeste?— pregunta María. —Podríamos hacer cabalgatas de ponis—.

¿Por qué los vaqueros usan pañuelos?

En las películas viejas del oeste, se ve a los vaqueros usando pañuelos. En la vida real, los vaqueros los usan para secarse el sudor del rostro y proteger la nariz del polvo.

La maestra Eggers lo somete a votación. Dieciséis niños votan por un tema de playa. Diecinueve prefieren el Silvestre Oeste. ¡Preparen sus botas de vaquero y sus **pañuelos**!

   Ahora que ya tenemos un tema, necesitamos **calcular** cuántas personas **asistirán**. Esto nos permitirá planificar cuántos puestos necesitaremos, cuántos premios tendremos que comprar y cuánta comida deberemos encargar.

El año pasado vinieron 400 personas a la feria de la escuela. Este año planeamos vender aún más entradas. Hicimos un cálculo de 500.

Diversión y juegos

¿Cuál es tu estilo?

Padres **voluntarios** asistirán el puesto de maquillaje de fantasía.

Ahora viene la parte divertida: ¡hay que elegir los juegos y las actividades!

Nuestra clase hace una lista de las actividades de la feria del año pasado. Después, votamos si repetimos cada juego o lo reemplazamos por uno nuevo.

Juego/Actividad	Repetir	Reemplazar
Lanzar la bolsita de frijoles	20	15
Bolos	25	10
Lanzamiento de aros	13	22
Castillo inflable	30	5
Maquillaje de fantasía	27	8
Tatuajes lavables	33	2
Lanzar la bola de béisbol	10	25
Bingo	29	6
Juego de la silla	16	19
Juego de jalar la cuerda	17	18
Zoológico interactivo	35	0

Necesitamos elegir cuatro actividades nuevas para reemplazar las que quedaron afuera cuando votamos.

—¿Qué les parece el juego de lanzar herraduras?—sugiere Amir—. Eso va bien con nuestro tema del oeste.

—¡Lanzar bolas de ping-pong dentro de una fuente es un juego divertido!— dice Juan.

¿Herraduras?

El juego de las herraduras se han practicado desde alrededor del año 1800. Pero, en realidad, ¡se comenzó a jugarlo con herraduras de mulas!

Nuevos puestos

1. Lanzamiento de herraduras
2. Arte con arena
3. Lanzamiento de bolas de ping-pong
4. Adivinar el futuro

—Hacer arte con arena en botellas es divertido—dice Conchita—. Yo lo hice en una feria.

—Mi mamá dijo que se vestiría como una adivina y le diría a cada uno su futuro—dice Ana. Todos están de acuerdo en que éstas son muy buenas ideas.

El año pasado, algunas personas dijeron que las filas eran demasiado largas. A nadie le gusta esperar en una fila. Por eso, queremos agregar dos actividades más. Entre más puestos haya, más cortas serán las filas.

Nuestra clase votó por el tanque de zambullir y las cabalgatas en poni. Parece divertido, pero ¿podremos pagarlo?

Necesitamos hacer un **presupuesto**. Un presupuesto muestra nuestros **ingresos**, es decir, cuánto dinero esperamos ganar y cuánto planeamos gastar.

¿Cuánto podemos gastar?

Presupuesto para la feria escolar			
Ingresos esperados		**Gastos**	
venta de entradas	$1,500	puestos y suministros	$600
puestos y suministros	$1,500	premios	$500
dinero del año pasado	$600	comida	$700
Ingresos totales	**$3,600**	decoraciones	$300
		cabalgatas en poni	$400
		zoológico interactivo	$600
		juego inflable	$500
		Gastos totales	**$3,600**

La feria del año pasado costó $3,000. Recuperamos todo el dinero con la venta de entradas y comida, y ganamos $600 más. Podemos usar ese dinero que ganamos para agregar más **atracciones**.

La verdad sobre los ponis

¿Crees que un poni es solamente un caballo pequeño? Pues no es así. Las crines y las colas de los ponis son más espesas que las de los caballos. También tienen pescuezos más gruesos, cabezas más cortas y frentes más amplias.

Cuesta $300 alquilar un tanque de zambullir. Las cabalgatas en poni cuestan $400. Eso significa que el dinero nos alcanza sólo para agregar una atracción más. Votamos por las cabalgatas en poni.

Ahora debemos encargar los premios.
¡No queremos que falten!

Tendremos cinco juegos donde se
entregarán premios. Si los quinientos
asistentes ganan premios en los cinco juegos,
¡significa que necesitaremos 2,500 premios!

Premios para la feria	Sí	No
calcomanías	22	13
pelotas de goma	25	10
brazaletes de goma	32	3
llaveros	10	25
yoyos	28	7

Pero, ¿qué clase de premios deberíamos encargar? La maestra Eggers escribe una lista en el pizarrón. Nosotros votamos.

Descartamos los llaveros. Esto
significa que debemos agregar un nuevo
premio que nos guste a todos. La maestra
Eggers busca en una página web de
premios para ferias.

Aquí viene el *sheriff*

El *sheriff* hace cumplir la ley en un condado. Los sheriffs llevan sobre la camisa un distintivo brillante, dorado o plateado, con forma de estrella.

—Ya que nuestro tema es el Silvestre Oeste, ¿por qué no agregamos estrellas de sheriff de juguete a nuestra lista de premios?—dice la maestra Eggers.

¡Qué gran idea!

Ahora, pensamos en la comida.

—Una barbacoa de pollo sería perfecta para nuestro tema del oeste—dice Guadalupe.

—También hacemos perritos calientes—agrega Pablo.

Votamos por vender también palomitas de maíz, manzanas acarameladas y nubes de algodón. ¡Pero eso no es todo!

¡Qué dulce!

Las nubes de algodón se hacen derritiendo y girando el azúcar en una máquina. En la Feria Mundial de 1904, en St. Louis, este dulce se llamaba "hilo de hadas" y se vendía a 25 centavos la caja.

Todos los años tenemos una venta de pasteles durante la feria. Los padres donan galletas, pasteles y otros productos. Es una manera deliciosa de reunir dinero para la escuela.

El tema, los juegos, los premios y la comida ya están decididos. ¿Qué más debemos planear?

—Debemos hacer volantes publicitarios y repartirlos para que todos sepan cuándo se hace la feria—dice Eddie.

—Eso es muy importante—dice la maestra Eggers—. También lo pondremos en la página web de la escuela.

¡ÁNDALE!

¡Ensilla el caballo para nuestra feria del Silvestre Oeste!

¡Marca el calendario para no perderte la feria escolar más emocionante y bulliciosa de este lado del Misisipí! ¡Trae tu sombrero, tus botas y pañuelo, y acompáñanos!

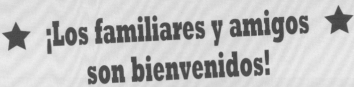

★ ¡Los familiares y amigos ★ son bienvenidos!

Cuándo: de 1 pm a 5 pm el sábado 29 de septiembre

Dónde: Escuela primaria Franklin

Boletos en venta desde el 15 de septiembre a $5 cada uno (incluye todos los juegos y actividades)

Habrá barbacoa de pollo y perritos calientes, así que, ¡ven con apetito!

¿Qué hay de las **decoraciones**? No es suficiente con que todos vengan vestidos con botas y sombreros de vaquero.

—Mi tío tiene una granja—dice Nate—. Estoy seguro de que nos conseguirá fardos de paja.

—Eso es perfecto—dice la maestra Eggers—. También pondremos globos.

Vaqueros cantores

La música del oeste se popularizó en los años treinta en películas con "vaqueros cantores" como Gene Autry y Roy Rogers.

¿El último **detalle**? La música.

—Pongamos música country. Quizá alguien pueda enseñar a bailar en línea— dijo Janelle. Todos aprobamos con festejos.

¡Parece que esta feria será la mejor de todos los tiempos!

Glosario

anual—una vez al año

asistir—estar presente en un sitio

atracción—algo que muchas personas quieren hacer o ver

cálculo—una aproximación cuidadosa acerca de la cantidad, el tamaño o el costo de algo

decoraciones—las cosas que se utilizan para hacer que algo tenga mejor aspecto

detalle—una parte pequeña de algo más grande

feria—un festival con atracciones, comida, juegos y entretenimiento

ingreso—cuánto dinero se gana

lluvia de ideas—resolver problemas mediante el aporte de ideas de un grupo de personas

pañuelo—un trozo de tela que se usa en la cabeza o en el cuello

presupuesto—un plan acerca de cuánto dinero se ganará y se gastará durante un período determinado

tema—una idea unificadora

voluntarios—las personas que se ofrecen para trabajar o ayudar sin recibir una paga